KB114434

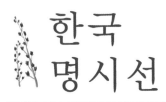

한국
명시선

와이 앤 엠

차례

떠나가는 배 – 박용철

나 두 야 간다.
나의 이 젊은 나이를
눈물로야 보낼 거냐
나 두 야 가련다.

아늑한 이 항구인들 손쉽게야 버릴거냐.
안개같이 물어린 눈에도 비치나니
골짜기마다 발에 익은 묏부리 모양
주름살도 눈에 익은 아-사랑하는 사람들.

버리고 가는 이도 못 잊는 마음
쫓겨가는 마음인들 무어 다를거냐.
돌아다 보는 구름에는 바람이 희살짓는다.
앞 대일 언덕인들 마련이나 있을거냐.

나 두 야 가련다.
나의 이 젊은 나이를
눈물로야 보낼 거냐.
나 두 야 간다.

눈은 내리네 - 박용철

이 겨울의 아침을
눈은 내리네

저 눈은 너무 희고
저 눈의 소리 또한 그윽하므로

내 이마를 숙이고 빌까 하노라

임이여 설운 빛이
그대의 입술을 물들이나니
그대 또한 저 눈을 사랑하는가

눈은 내리어
우리 함께 빌 때러라.

어디로 – 박용철

내 마음은 어디로 가야 옳으리까
쉬임없이 궂은 비는 내려오고
지나간 날 괴로움의 쓰린 기억
내게 어둔 구름 되어 덮이는데.

바라지 않으리라던 새론 희망
생각지 않으리라던 그대 생각
번개같이 어둠을 깨친다마는
그대는 닿을 길 없이 높은 데 계시오니

아–내 마음은 어디로 가야 옳으리까.

이대로 가랴마는   – 박용철

설만들 이대로 가기야 하랴마는
이대로 간단들 못 간다 하랴마는

바람도 없이 고이 떨어지는 꽃잎같이
파란 하늘에 사라져 버리는 구름쪽같이

조그만 열로 지금 수떠리는 피가 멈추고
가는 숨길이 여기서 끝맺는다면

아—얇은 빛 들어오는 영창 아래서 차마 흐르지 못하
는 눈물이 온 가슴에 젖어 내리네.

끝없는 강물이 흐르네 - 김영랑

내 마음의 어딘 듯 한 편에 끝없는
강물이 흐르네.
돋쳐 오르는 아침 날빛이 뻔질한
은결을 돋우네.
가슴엔 듯 눈엔 듯 또 핏줄엔 듯
마음이 도른도른 숨어 있는 곳
내 마음의 어딘 듯 한 편에 끝없는
강물이 흐르네.

모란이 피기까지는 – 김영랑

모란이 피기까지는,
나는 아직 나의 봄을 기다리고 있을 테요.
모란이 뚝뚝 떨어져 버린 날,
나는 비로소 봄을 여읜 설움에 잠길 테요.
오월 어느 날, 그 하루 무덥던 날,

떨어져 누운 꽃잎마저 시들어 버리고는

천지에 모란은 자취도 없어지고,

뻗쳐 오르던 내 보람 서운케 무너졌느니,

모란이 지고 말면 그뿐, 내 한 해는 다 가고 말아,

삼백 예순날 하냥 섭섭해 우옵내다.

모란이 피기까지는,

나는 아직 기다리고 있을테요,

찬란한 슬픔의 봄을.

언덕에 바로 누워 – 김영랑

언덕에 바로 누워
아슬한 푸른 하늘 뜻없이 바래다가
나는 잊었읍네 눈물 도는 노래를
그 하늘 아슬하야 너무도 아슬하야

이 몸이 서러운 줄 언덕이야 아시련만
마음의 가는 웃음 한 때라도 없드라냐
아슬한 하늘 아래 귀여운 맘 질기운 맘
내 눈은 감기었네 감기었네

돌담에 속삭이는 햇발 – 김영랑

돌담에 속삭이는 햇발같이
풀 아래 웃음 짓는 샘물같이
내 마음 고요히 고운 봄길 위에
오늘 하루 하늘을 우러르고 싶다.

새악시 볼에 떠오는 부끄럼같이
시의 가슴에 살포시 젖는 물결같이
보드레한 에메랄드 얇게 흐르는
실비단 하늘을 바라보고 싶다.

내 마음을 아실 이 − 김영랑

내 마음을 아실 이
내 혼자 마음 날같이 아실 이
그래도 어디나 계실 것이면

내 마음에 때때로 어리우는 티끌과
속임 없는 눈물의 간곡한 방울방울
푸른 밤 고이 맺는 이슬 같은 보람을
보밴 듯 감추었다 내어 드리지.

아! 그립다.
내 혼자 마음 날같이 아실 이
꿈에나 아득히 보이는가.

향 맑은 옥돌에 불이 달아
사랑은 타기도 하오련만
불빛에 연긴 듯 희미론 마음은
사랑도 모르리 내 혼자 마음은.

서글픈 꿈 – 김상용

뒤로 산
높이 둘리고
돌 새에 샘 솟아 적은 내 되오.

들도 쉬고
잿빛 뫼뿌리의
꿈이 그대로 깊소.
폭포는 다음 골에 두어
안개냥 "정적"이 잠기고....

나와 다람쥐 인친 산길을
넝쿨이 아셨으니

나귀 끈 장꾼이
찾을 리 없오.

"적막" 함께 끝내
낡은 거문고의
줄이나 고르랴오.

긴 세월에게
추억마저 빼앗기면

풀잎 우는 아침
혼자 가겠소.

기도 – 김상용

님의 품 그리워.
뻗으셨던 경건의 손길
거두어 가슴에 얹으심은
거룩히 잠그신 눈이
'모습'을 보신 때문입니다.

남으로 창을 내겠소 – 김상용

남으로 창을 내겠소.
밭이 한참 갈이
괭이로 파고
호미론 풀을 매지요.

구름이 꼬인다 갈 리 있소.
새 노래는 공으로 들으랴오.
강냉이가 익걸랑
함께 와 자셔도 좋소.

왜 사냐 건
웃지요

포구 - 김상용

슬픔이 영원해
사주의 물결은 깨어지고
묘막한 하늘 아래
고할 곳 없는 여정이 고달파라.

눈을 감으니
시각이 끊이는 곳에
추억이 더욱 가엾고

깜박이는 두 셋 등잔 아래엔
무슨 단란의 실마리가 풀리는지....

별이 없어 더 서러운
포구의 밤이 샌다.

반딧불 – 김상용

너는 정밀의 등촉
신부 없는 동방에 잠그리라.

부러워하는 이도 없을 너를
상징해 왜 내 맘을 빚었던지

헛고대의 밤이 가면
설은 새 아침
가만히 네 불꽃을 꺼진다.

산 너머 남촌에는 -김동환

1

산 너머 남촌에는 누가 살길래,
해마다 봄바람이 남으로 오네.

꽃 피는 사월이면 진달래 향기,
밀 익는 오월이면 보리 내음새.

어느 것 한 가진들 실어 안 오리.
남촌서 남풍 불 제 나는 좋데나.

2

산 너머 남촌에는 누가 살길래
저 하늘 저 빛깔이 저리 고울까?

금잔디 넓은 벌엔 호랑나비 떼.
버들밭 실개천엔 종달새 노래

어느 것 한 가진들 들려 안 오리.
남촌서 남풍 불 제 나는 좋데나.

3

산너머 남촌에는 배나무 있고,
배나무 꽃 아래엔 누가 섰다가,

그리운 생각에 영에 오르니,
구름에 가리어 아니 보이네.

끊였다 이어 오는 가느단 노래
바람을 타고서 고이 들리네.

금잔디 – 김소월

잔디

잔디

금잔디

심심 산천에 붙는 불은

가신 임 무덤가에 금잔디.

봄이 왔네, 봄빛이 왔네.

버드나무 끝에도 실가지에.

봄빛이 왔네, 봄날이 왔네.

심심 산천에도 금잔디에.

엄마야 누나야 – 김소월

엄마야 누나야 강변 살자.
뜰에는 반짝이는 금모래 빛.
뒷문 밖에는 갈잎의 노래,
엄마야 누나야 강변 살자.

.

초혼 – 김소월

산산히 부서진 이름이여!
허공중에 헤어진 이름이여!
불러도 주인 없는 이름이여!
부르다가 내가 죽을 이름이여!

심중에 남아 있는 말 한 마디는
끝끝내 마저 하지 못하였구나.
사랑하던 그 사람이여!
사랑하던 그 사람이여!

붉은 해는 서산 마루에 걸리었다.
사슴의 무리도 슬피 운다.
떨어져 나가 앉은 산 위에서
나는 그대의 이름을 부르노라.

설움에 겹도록 부르노라.
설움에 겹도록 부르노라.
부르는 그 소리는 비껴 가지만
하늘과 땅 사이가 너무 멀구나

선채로 이 자리에 돌이 되어도
부르다가 내가 죽을 이름이여!
사랑하던 그 사람이여!
사랑하던 그 사람이여!

진달래꽃 – 김소월

나 보기가 역겨워
가실 때에는
말없이 고이 보내 드리오리다.

영변에 약산
진달래꽃
아름 따다 가실 길에 뿌리오리다.

가시는 걸음 걸음

놓인 그 꽃을

사뿐히 즈려밟고 가시옵소서.

나 보기가 역겨워

가실 때에는

죽어도 아니 눈물 흘리오리다.

산유화 – 김소월

산에는 꽃 피네.
꽃이 피네.
갈 봄 여름 없이
꽃이 피네.

산에
산에
피는 꽃은
저만치 혼자서 피어 있네.

산에서 우는 작은 새여
꽃이 좋아
산에서
사노라네.

산에는 꽃 지네
꽃이 지네.
갈 봄 여름 없이
꽃이 지네.

접동새 – 김소월

접동
접동
아우래비 접동

진두강 가람가에 살던 누나는
진두강 앞 마을에
와서 웁니다.

옛날 우리 나라
먼 뒤쪽의
진두강 가람가에 살던 누나는
의붓어미 시샘에 죽었습니다.

누나라고 불러 보랴
오오 불설워

시샘에 몸이 죽은 우리 누나는
죽어서 접동새가 되었습니다.

아홉이나 남아 되는 오랍동생을
죽어서도 못 잊어 차마 못 잊어

야삼경 남 다 자는 밤이 깊으면
이 산 저 산 옮아가며 슬피 웁니다.

먼 후일 – 김소월

먼 후일 당신이 찾으시면
그 때에 내 말이 "잊었노라"

당신이 속으로 나무라면
"무척 그리다가 잊었노라"

그래도 당신이 나무라면
"믿기지 않아서 잊었노라"

오늘도 어제도 아니 잊고
먼 후일 그 때에 "잊었노라"

못 잊어 – 김소월

못 잊어 생각이 나겠지요
그런 대로 한 세상 지내시구려
사노라면 잊힐 날 있으리다.

못 잊어 생각이 나겠지요
그런 대로 세월만 가라시구려
못 잊어도 더러는 잊히오리다.

그러나 또 한껏 이렇지요
"그리워 살뜰히 못 잊는데
어쩌면 생각이 떠지나요?"

길 – 김소월

어제도 하로밤
나그네 집에
가마귀 가왁가왁 울며 새였소.

오늘은
또 몇 십 리
어디로 갈까.

산으로 올라갈까
들로 갈까
오라는 곳이 없어 나는 못 가오.

말 마소, 내 집도

정주 곽산

차 가고 배 가는 곳이라오.

여보소 공중에

저 기러기

공중엔 길 있어서 잘 가는가.

여보소, 공중에

저 기러기

열 십자 복판에 내가 섰소.

갈래갈래 갈린 길

길은 있어도

내게 바이 갈 길은 하나 없소.

오시는 눈 – 김소월

땅위에 새하얗게 오시는 눈
기다리는 날에만 오시는 눈
오늘도 저 안 온 날 오시는 눈
저녁불 켤 때마다 오시는 눈.

예전엔 미처 몰랐어요 – 김소월

봄 가을 없이 밤마다 돋는 달도
"예전엔 미처 몰랐어요"

이렇게 사무치게 그리울 줄도
"예전엔 미처 몰랐어요"

달이 암만 밝아도 쳐다볼 줄을
"예전엔 미처 몰랐어요"

이제금 저 달이 설움인 줄을
"예전엔 미처 몰랐어요"

가는 길 – 김소월

그립다
말을 할까
하니 그리워.

그냥 갈까
그래도
다시 더 한번...

저 산에도 까마귀, 들에 까마귀
서산에는 해 진다고
지저귑니다.

앞 강물 뒷 강물
흐르는 물은
어서 따라 오라고 따라 가자고
흘러도 연달아 흐릅디다려.

나는 왕이로소이다 - 홍사용

나는 왕이로소이다. 나는 왕이로소이다.

어머님의 가장 어여쁜 아들 나는 왕이로소이다. 가장 가난한 농군의 아들로서......

그러나 시왕전에서도 쫓기어난 눈물의 왕이로소이다.

"맨 처음으로 내가 너에게 준 것이 무엇이냐?" 이렇게 어머니께서 물으시며는

"맨 처음으로 어머니께 받은 것은 사랑이었지요마는 그것은 눈물이더이다" 하겠나이다. 다른 것도 많지요마는....

"맨 처음으로 네가 나에게 한 말이 무엇이냐" 이렇게 어머니께서 물으시며는

"맨 처음으로 어머니께 드린 말씀은 '젖 주서요' 하는 그 소리였지요마는. 그것은 '으아-' 하는 울음 이었나이다" 하겠나이다. 다른 말씀도 많지요마는....

이것은 노상 왕에게 들리어 주신 어머님의 말씀인데요.

왕이 처음으로 이 세상에 올 때에는 어머님의 흘리신 피를 몸에다 휘감고 왔더랍니다.

그날에 동네의 늙은이와 젊은이들은 모두 "무엇이냐"
고 쓸데없는 물음질로 한창 바쁘게 오고갈 때에도
　어머님께서는 기꺼움보다도 아무 대답도 없이 속 아픈
눈물만 흘리셨답니다.
　벌거숭이 어린 왕 나도 어머니의 눈물을 따라서 발버둥
질치며, '으아' 소리쳐 울더랍니다.

　그날 밤도 이렇게 달 있는 밤인데요,
　으스름 달이 무리 스고, 뒷동산에 부엉이 울음 울던 밤
인데요,

어머니께서는 구슬픈 옛이야기를 하시다가요,

일없이 한숨을 길게 쉬시며 웃으시는 듯한 얼굴을 얼른 숙이시더이다.

왕은 노상 버릇인 눈물이 나와서 그만 끝까지 섧게 울어 버렸오이다. 울음의 뜻은 도무지 모르면서도요.

어머니께서 조으실 때에는 왕만 혼자 울었소이다.

어머니의 지으시는 눈물이 젖먹는 왕의 뺨에 떨어질 때 이면 왕도 따라서 시름없이 울었소이다.

열 한 살 먹던 해 정월 열나흘 날 밤 맨 잿더미로 그림자
를 보러 갔을 때인데요,

명이나 긴가 짜른가 보랴고.

왕의 동무 장난꾼 아이들이 심술스럽게 놀리더이다. 모가
지 없는 그림자라고요.

왕은 소리쳐 울었소이다. 어머니께서 들으시도록 죽을까
겁이 나서요.

나뭇군의 산타령을 따라가다가 건넛산 비탈로 지나가는 상둣군의 구슬픈 노래를 처음 들었소이다.

　그 길로 옹달 우물로 가자고 지름길로 들어서며는 찔레나무 가시덤불에서 처량히 우는 한 마리 파랑새를 보았소이다.

　그래 철없는 어린 왕 나는 동무라 하고 좇아가다가 돌부리에 걸리어 넘어져서 무릎을 비비며 울었소이다.

할머니 산소 앞에 꽃 심으러 가던 한식날 아침에
어머니께서는 왕에게 하얀 옷을 입히시더이다.
그리고 귀밑머리를 단단히 땋아 주시며 "오늘부터는 아
무쪼록 울지 말아라".
아아 그 때부터 눈물의 왕은-어머니 몰래 남모르게 속
깊이 소리없이 혼자 우는 그것이 버릇이었소이다.

누우런 떡갈나무 우거진 산길로 허물어진 봉화 뚝 앞으로
쫓긴 이의 노래를 부르며 어슬렁거릴 때에
바위 밑에 돌부처는 모른 체하며 감중연하고 앉더이다.
아아, 뒷동산 장군바위에서 날마다 자고 가는 뜬구름은
얼마나 많이 왕의 눈물을 싣고 갔는지요.

나는 왕이로소이다. 어머니의 외아들 나는 이렇게 왕이로
소이다.
그러나 눈물의 왕– 이 세상 어느 곳에든지 설움이 있는
땅은 모다 왕의 나라로소이다.

말세의 희탄 - 이상화

저녁의 피묻은 동굴 속으로
아, 밑 없는 그 동굴 속으로
끝도 모르고
끝도 모르고
나는 거꾸러지련다.
나는 파묻히련다.

가을의 병든 미풍의 품에다
아, 꿈꾸는 미풍의 품에다

낮도 모르고
밤도 모르고
나는 술 취한 몸을 세우련다.
나는 속 아픈 웃음을 빚으련다.

이중의 사망 - 이상화

죽음일다!
성낸 해가 이빨을 갈고
입술은 붉으락 푸르락 소리없이 훌쩍이며,
유린 받은 계집같이 검은 무릎에 곤두치고 죽
음일다.

만종의 소리에 마구를 그리워 우는 소-
피란민의 마음으로 보금자리를 찾는 새-

다 검은 농무 속으로 매장이 되고, 천지는 침묵
한 뭉텅이 구름과 같이 되다!

아, 길 잃은 어린 양아, 어디로 가려느냐?
아, 어미 잃은 새 새끼야, 어디로 가려느냐?
비극의 서곡을 리프레인하듯
허공을 지나는 숨결이 말하더라.

아 , 도적놈이 죽일 숨 쉬듯한 미풍에 부딪혀도
설움의 실패꾸리를 풀기 쉬운 나의 마음은

하늘 끝과 지평선이 어둔 비밀실에서 입맞추다.
죽은 듯한 그 벌판을 지나려 할 때 누가 알랴.

어여쁜 계집애 씹는 말과 같이
제 혼자 지줄대며 어둠에 끓는 여울은 다시 고요히
농무에 휩싸여 맥 풀린 내 눈에서 껄덕이다.
바람결을 안으려 나부끼는 거미줄같이
헛웃음 웃는 미친 계집의 머리털로 묶은

아, 이 내 신령의 낡은 거문고 줄은
청철의 옛 성문으로 닫힌 듯한 얼빠진 내 귀를 뚫고
울어 들다, 울어 들다, 울다는 다시 웃다-
악마가 야호같이 춤추는 깊은 밤에
물방앗간의 풍차가 미친 듯 돌며
곰팡스런 성대로 목메인 노래를 하듯....!
저녁 바다의 끝도 없이 몽롱한 먼 길을

운명의 악지바른 손에 끄을려 나는 방황해 가는도다.
남풍에 돗대 꺾인 목선과 같이 나는 방황해 가는도다.

아, 인생의 쓴 향연에 불림 받은 나는 젊은 환몽 속
에서
청상의 마음과 같이 적막한 빛의 음지에서
구차를 따르며 장식의 애곡을 듣는 호상객처럼‒

털 빠지고 힘 없는 개의 목을 나도 드리우고
나는 넘어지다—나는 거꾸러지다!

죽음일다!
부드럽게 뛰노는 나의 가슴이
주전 빈랑의 미친 발톱에 찢어지고
아우성치는 거친 어금니에 깨물려 죽음일다!

나의 침실로 – 이상화

마돈나! 지금은 밤도 모든 목거지에 다니노라. 피곤하여
돌아가련도다.
아, 너도 먼 동이 트기 전으로 수밀도의 네 가슴에 이슬
이 맺도록 달려 오너라.

마돈나! 오려무나, 네 집에서 눈으로 유전하던 진주는 다 두고
몸만 오너라.
빨리 가자. 우리는 밝음이 오면 어딘지 모르게 숨는 두 별이
어라.

마돈나! 구석지고도 어둔 마음의 거리에서 나는 두려워 떨며 기다리노라.

 아, 어느 덧 첫닭이 울고 ─ 뭇 개가 짖도다. 나의 아씨여, 너도 듣느냐.

마돈나! 지난 밤이 새도록 내 손수 닦아 둔 침실로 가자, 침실로!

 낡은 달은 빠지려는데, 내 귀가 듣는 발자국─오, 너의 것이냐?

마돈나! 짧은 심지를 더우 잡고, 눈물도 없이 하소연하는 내 마음의 촛불을 봐라.

양털 같은 바람결에도 질식이 되어 얄푸른 연기로 꺼지려는도다.

마돈나! 오너라, 가자. 앞산 그리매가 도깨비처럼 발도 없이 이곳 가까이 오도다.

아, 행여나 누가 볼는지 ―가슴이 뛰누나, 나의 아씨여, 너를 부른다.

마돈나! 날이 새련다. 빨리 오려므나, 사원의 쇠북이 우리를 비웃기 전에

네 손이 내 목을 안아라. 우리도 이 밤과 같이 오랜 나라로 가고 말자.

마돈나! 뉘우침과 두려움의 외나무다리 건너 있는 내 침실, 열 이도 없으니!
아, 바람이 불도다. 그와 같이 가볍게 오려므나, 나의 아씨여, 네가 오느냐?
마돈나! 가엾어라. 나는 미치고 말았는가. 없는 소리를 내 귀가 들음은─

내몸에 피란 피 – 가슴이 샘이 말라 버린 듯 마음과 몸
이 타려는도다.

마돈나! 언젠들 안 갈 수 있으랴. 갈 테면 우리가 가자,
끄을려 가지 말고!
너는 내 말을 믿는 마리아 – 내 침실이 부활의 동굴임
을 네가 알련만...

마돈나! 밤이 주는 꿈, 우리가 얽는 꿈, 사람이 안고 궁
그는 목숨의 꿈이 다르지 않느니,

아, 어린애 가슴처럼 세월 모르는 나의 침실로 가자 아름
답고 오랜 거기로.

마돈나! 별들의 웃음도 흐려지려 하고, 어둔 밤 물결도
잦아지려는도다.
아, 안개가 사라지기 전으로 네가 와야지, 나의 아씨여 너
를 부른다.

빼앗긴 들에도 봄은 오는가 - 이상화

지금은 남의 땅-빼앗긴 들에도 봄은 오는가?
나는 온몸에 햇살을 받고
푸른 하늘 푸른 들이 맞붙은 곳으로
가르마 같은 논길을 따라 꿈 속을 가듯 걸어만 간다.
입술을 다문 하늘아 들아
내 맘에는 내 혼자 온 것 같지를 않구나.
네가 끌었느냐 누가 부르더냐
답답워라 말을 해 다오

바람은 내 귀에 속삭이며,
한 자욱도 섰지 마라 옷자락을 흔들고

종달이는 울타리 너머 아가씨같이 구름 뒤에서 반갑다
웃네

고맙게 잘 자란 보리밭아

간밤 자정이 넘어 내리던 고운 비로

너는 삼단 같은 머리털을 감았구나, 내 머리조차 가쁜하다.

혼자라도 가쁘게 나가자.

마른 논을 안고 도는 착한 도랑이 젖먹이 달래는 노래를

하고 제 혼자 어깨춤만 추고 가네.

나비 제비야 깝치지 마라, 맨드라미 들마꽃에도 인사를
해야지.
아주까리 기름을 바른 이가 지심 매던 그 들이라도 보고
싶다.

내손에 호미를 쥐어 다오.
살찐 젖가슴과 같은 부드러운 이 흙을 발목이 시도록 밟
아도 보고 좋은 땀조차 흘리고 싶다.

강가에 나온 아이와 같이

셈도 모르고 끝도 없이 닫는 내 혼아

무엇을 찾느냐 어디로 가느냐 우서웁다 답을 하려무나

나는 온몸에 풋내를 띠고

푸른 웃음 푸른 설움이 어우러진 사이로

다리를 절며 하루를 걷는다. 아마도 몸 신명이 집혔나 보다.

그러나 지금은 들을 빼앗겨 봄조차 빼앗기겠네.

시인에게 − 이상화

한 편의 시 그것으로
새로운 세계 하나를 낳아야 할 줄 깨칠 그 때라야
시인아, 너의 존재가
비로소 우주에게 없지 못할 너로 알려질 것이다.
가뭄 든 논에는 청개구리의 울음이 있어야 하듯.

새 세계란 속에서도
마음과 몸이 갈려 사는 줄 풍류만 나와 보아라.
시인아, 너의 목숨은

진저리나는 절름발이 노릇을 아직도 하는 것이다.
언제든지 일식된 해가 돋으면 뭣하며 진들 어쩌랴.

시인아, 너의 영광은
미친 개 꼬리도 밟는 어린애의 짬 없는 그 마음이 되어
밤이라도 낮이라도
새 세계를 낳으려 손댄 자국이 시가 될 때가 있다.
촛불로 날아들어 죽어도 아름다운 나비를 보아라.

향수 – 박세영

아-그립구나 내 고향,
익은 들이 물결치는 가을,
누르던 들과 새파란 하늘을 볼 땐
생각키느니 내 고향.

산골짜기엔 약수, 마을 앞엔 푸른 강,
강에 배 띄고 고기 잡던 옛 시절
내 고향은 이리도 아름다워라.

산 없는 이 곳에서

물 흐린 이 땅에서

흘러 다니는 나그네 몸이 외롭구나,

지금은 추석달, 끝없는 지평선에서 떠오르는 저 달,

북만의 들개 짖는 소리에 마음만 소란하구나.

고향의 하늘을 나는 새, 땅에 기는 짐승들도,

지금은 따스한 제 집에서 단꿈을 꾸련만
팔려간 노예와 같이
풍겨난 새와 같이 이 몸은 서럽구나.

고추를 널어 새빨간 지붕,
파란 박은 보화같이 넝쿨에 달리고
방아 소리 쿵쿵 울릴 때,
이 가을, 이 추석을 맞는 이
아— 고향에 몇이나 되노.

가라는 이 없건만 아니 나오면 왜 못 살며

들은 익어 누르른데 배를 골리지 않으면 왜 못 살더란 말

인가?

사랑하는 연인과 결별하듯이

내 고향 떠난 지도 이미 십 년.

그야 이 내 몸뿐이랴.

마을의 처녀들도 눈물지고 떠나들 갔으며,
마을의 장정들도 고향을 원망하고 달아났다.
그리운 고향은 야속도 하구나.
추수 이삭에 걸린 추석 달,
잠든 호숫가에 거니는 기러기,
지금은 저 멀리 들릴거라 다듬이 소리,
아-그립구나 이 내 고향!

나에게 대답하여라 – 박세영

너와 나, 또 수많은 동무들이,
삶의 뜻을 알려고 어린 시절을 보낸 지도 여러 해,
하늘같이 높던 그 이상은 다 꺼지고 말았다.
너와 나, 또 온 세상의 청춘들이
한 번씩은 다 가져보는 그 마음,

그 마음은 높게 하늘로 떠오르는 사람들이 되어
검은 구름에 앞을 못 보고,
헤매이다 떨어져 버리는구나.
생각하면 날개도 없이 뛰어 올라간 만용을,
내 어찌 한하지 않으리.

오-너는 나에게 대답하라.
하늘에 닿던 너의 이상을 누가 앗아갔나 대답하라,
그러면 일찍이, 너는 너의 모든 성의와 분투를 감춰 버리고 우련과 자신을 내세운 일이 없는가 대답하라.

그러나 너는 언제나 우연과 자신을 너의 앞잡이
같이 내세워,
너의 모든 일을 가리려는 것을 나는 안다.
그리고도 너의 몸이 가장 높이 오르리라 믿었느
니라,
영리한 너는 가장 어리석은 자였고,
너의 성스럽던 양심을 모르는 자였느니라.

삶의 뜻을 알려 했던 너의 어린 시절, 또 너의 이
상을,

이렇듯 휘청거린 것이 너의 반생이라면 모든 철
인이여! 대답하라 이것이 삶의 뜻인가 대답하라.

인류를 사랑하자던 마음은

나만 알짜로 되어 버리고,

사회를 위하여 이 몸을 바치자던 생각은 나의 향
락만을 꾀하게 되어

나는 요술사와 같이 한 가닥 남은 양심조차 속
이었다.

그리하여 너의 나머지 한 가닥 희망까지도 없애고
말았다.
　너는 맨몸뚱이로 태어나서 맨몸뚱이로 돌아가려는
불쌍한 사람이 되려는구나
　그 이상을 다 버리고
　이제는 나머지 목숨을 이으려고 너의 양심까지 팔
아 먹었으니, 불쌍하구나
　그것이 알몸뚱이가 아니고 무엇이겠니.

　그러나 너는 오직 우연과 자신을 송두리째 빼버려라.

너의 삶의 뜻을 여기에서 찾으라,
　천문과 숫자 같은 모든 철학에서 헤매지 말고 여기
에서 찾으라.

　삶의 뜻을 영영이 안개 속으로 던져 버리려는,
　아직도 앞이 시퍼런 청춘 너는
　어둠의 질곡에서 용감히 뛰어 나오라,
　설날 같은 유혹에서 빠져 나오라.

　치욕의 십 년이 떳떳한 하루만 못하고,
　향락의 백 년이 진리의 하루만 무에 낫겠니, 아하
너는 대답하라.
　그래도 어둠의 골로만 영영이 가려나 대답하라.

두만강 너 우리의 강아 – 이용악

나는 죄인처럼 수그리고
나는 코끼리처럼 말이 없다
두만강 너 우리의 강아
너의 언덕을 달리는 찻간에
조그마한 자랑도 자유도 없이 앉았다

아무것도 바라볼 수 없다만
너의 가슴은 얼었으리라

그러나

나는 안다

다른 한 줄 너의 흐름이 쉬지 않고

바다로 가야 할 곳으로 흘러내리고 있음을

지금

차는 차대로 달리고

바람이 이리처럼 날뛰는 강건너 벌판엔

나의 젊은 넋이

무엇인가 기다리는 듯 얼어붙은 듯 섰으니

욕된 운명은 밤 위에 밤을 마련할 뿐

잠들지 마라 우리의 강아
오늘 밤도
너의 가슴을 밟는 뭇 슬픔이 목마르고
얼음길은 거칠다 길은 멀다

길이 마음의 눈을 덮어줄
검은 날개는 없느냐
두만강 너 우리 강아
북간도로 간다는 강원도치와 마주 앉은
나는 울 줄을 몰라 외롭다

전라도 가시내 - 이용악

알룩조개에 입맞추며 자랐나
눈이 바다처럼 푸를뿐더러 까무스레한 네 얼굴
가시내야
나는 발을 얼구며
무쇠다리를 건너온 함경도 사내

바람소리도 호개도 인전 무섭지 않다만
어두운 등불 밑 안개처럼 자욱한 시름을 달게 마
시련다만

어디서 흉참한 기별이 뛰어들 것만 같애
두터운 벽도 이웃도 못미더운 북간도 술막

온갖 방자의 말을 품고 왔다
눈포래를 뚫고 왔다
가시내야
너의 가슴 그늘진 숲속을 기어간 오솔길을 나는 헤매이자
술을 부어 남실남실 술을 따르어
가난한 이야기에 고이 잠거다오

네 두만강을 건너왔다는 석 달 전이면
단풍이 물들어 천리 천리 또 천리 산마다 불탔을 겐데
그래도 외로워서 슬퍼서 치마폭으로 얼굴을 가렸더냐
두 낮 두 밤을 두루미처럼 울어 울어
불술기 구름 속을 달리는 양 유리창이 흐리더냐

차알싹 부서지는 파도소리에 취한 듯
때로 싸늘한 웃음이 소리없이 새기는 보조개
가시내야

울 듯 울 듯 울지 않는 전라도 가시내야

두어 마디 너의 사투리로 때아닌 봄을 불러 줄께

손때 수줍은 분홍 댕기 휘휘 날리며

잠깐 너의 나라로 돌아가거라

이윽고 얼음길이 밝으면

나는 눈포래 휘감아치는 벌판에 우줄우줄 나설 게다

노래도 없이 사라질 게다

자욱도 없이 사라질 게다

그리움 – 이용악

눈이 오는가 북쪽엔
함박눈 쏟아져 내리는가

험한 벼랑을 굽이굽이 돌아간
백무선 철길 위에
느릿느릿 밤새어 달리는
화물차의 검은 지붕에

연달린 산과 산 사이
너를 남기고 온
작은 마을에도 복된 눈 내리는가

잉크병 얼어드는 이러한 밤에

어쩌자고 잠을 깨어

그리운 곳 차마 그리운 곳

눈이 오는가 북쪽엔

함박눈 쏟아져 내리는가

하늘만 곱구나 — 이용악

집도 많은 집도 많은 남대문턱 움 속에서 두 손 오그려
혹혹 입김 불며 이따금씩 쳐다보는 하늘이사 아마 하늘이기
혼자만 곱구나

거북네는 만주서 왔단다 두터운 얼음장과 거센 바람 속을
세월은 흘러 거북이는 만주서 나고 할배는 만주에 묻히고
세월이 무심찮아 봄을 본다고 쫓겨서 울면서 가던 길 돌아
왔단다

띠팡을 떠날 때 강을 건널 때 조선으로 돌아가면 빼앗겼
던 땅에서 농사지으며 가 갸 거 겨 배운다더니 조선으로
돌아와도 집도 고향도 없고

 거북이는 배추꼬리를 씹으며 달디달구나 배추꼬리를 씹
으며 꺼무테테한 아배의 얼굴을 바라보면서 배추꼬리를
씹으며 거북이는 무엇을 생각하누

 첫눈 이미 내리고 이윽고 새해가 온다는데 집도 많은 집
도 많은 남대문턱 움 속에서 이따금씩 쳐다보는 하늘이사
아마 하늘이기 혼자만 곱구나

봄철의 바다 – 이장희

저기 고요히 멈춘
기선의 굴뚝에서
가늘은 연기가 흐른다.

엷은 구름과
낮겨운 햇볕은
자장가처럼 정다웁구나.

실바람 물살지우는 바다 위로
나직하게 OV- 우는
기적의 소리가 들린다.

바다를 향하여 기울어진 풀두렁에서
어느 덧 나는
휘파람 불기에도 피로하였다.

하일 소경 – 이장희

운모같이 빛나는 서늘한 테이블
부드러운 얼음 설탕 우유.
피보다 무르녹은 딸기를 담은 유리잔
얇은 옷을 입은 저윽히 고달픈 새악씨는

기름한 속눈썹을 깔아 맞히며
가냘픈 손에 들은 은사시로
유리잔의 살찐 딸기를 부수노라면

담홍색의 청량제가 꽃물같이 흔들린다.

은사시에 옮기인 꽃물은
새악씨의 고요한 입술을 앵도보다 곱게도 물들인다.
새악씨는 달콤한 꿀을 마시는 듯
그 얼굴은 푸른 잎사귀같이 빛나고

콧마루의 수은 같은 땀은 벌써 사라졌다.
그것은 밝은 하늘을 비친 작은 못 가운데서
거울같이 피어난 연꽃의 이슬을
헤엄치는 백조가 삼키는 듯하다.

봄은 고양이로다 – 이장희

꽃가루와 같이 부드러운 고양이의 털에
고운 봄의 향기가 어리우도다.

금방울과 같이 호동그란 고양이의 눈에
미친 봄의 불길이 흐르도다.

고요히 다물은 고양이의 입술에
포근한 봄 졸음이 떠돌아라.

날카롭게 쭉 뻗은 고양이의 수염에
푸른 봄의 생기가 뛰놀아라.

고양이의 꿈 – 이장희

시내 위에 돌다리
다리 아래 버드나무
봄 안개 어리인 시냇가에 푸른 고양이
곱다랗게 단장하고 빗겨 있오 울고 있오
기름진 꼬리를 쳐들고

밝은 애달픈 노래를 부르지요.
푸른 고양이는 물오른 버드나무에 스르르 올라가

버들가지를 안고 버들가지를 흔들며
또 목놓아 웁니다 노래를 부릅니다.

멀리서 검은 그림자가 움직이고
칼날이 은같이 번쩍이더니
푸른 고양이도 볼 수 없고
꽃다운 소리도 들을 수 없고
그저 쓸쓸한 모래 위에 선혈이 흘러 있소.

청천의 유방 – 이장희

어머니 어머니라고
어린 마음으로 가만히 부르고 싶은
푸른 하늘에
따스한 봄이 흐르고
또 흰 별을 놓으며
불룩한 유방이 달려 있어
이슬 맺힌 포도 송이보다 더 아름다워라.

탐스러운 유방을 볼지어다.

아아 유방으로서 달큼한 젓이 방울지려 하누나

이때야말로 애구(哀求)의 정이 눈물 겨웁고

주린 식욕이 입을 벌리도다

이 무심한 식욕

이 복스러운 유방....

쓸쓸한 심령이여 쏜살같이 날라지어다.

푸른 하늘에 날라지어다.

쓸쓸한 시절 – 이장희

어느덧 가을은 깊어
들이든 뫼이든 숲이든
모두 파리해 있다.

언덕 위에 우뚝히 서서
개가 짖는다.
날카롭게 짖는다.

비-ㄴ 들에
마른 잎 태우는 연기
가늘게 가늘게 떠오른다.

그대여
우리들 머리 숙이고
고요히 생각할 그 때가 왔다.

봄은 간다 – 김억

밤이도다
봄이다

밤만도 애달픈데
봄만도 생각인데

날은 빠르다
봄은 간다

깊은 생각이 아득이는데
저 바람에 새가 슬피 운다

검은 내 떠돈다

종소리 비낀다

말도 없는 밤의 설움
소리 없는 봄의 가슴

꽃은 떨어진다
님은 탄식 한다

비 – 김억

포구 십 리에 보슬보슬
쉬지 않고 내리는 비는
긴 여름날의 한나절을
모래알만 울려 놓았소.

기다려선 안 오다가도
설운 날이면 보슬보슬
만나도 못코 떠나버린
그 사람의 눈물이던가.

설운 날이면 보슬보슬
어영도라 갈매기떼도
지차귀가 축축히 젖어
너흘너흘 날아를 들고.

자취 없는 물길 삼백 리
배를 타면 어디를 가노
남포 사공 이 내 낭군님
어느 곳을 지금 헤매노.

사공의 아내 - 김억

모래밭 스며드는 하얀 이 물은
넓은 바다 동해를 모두 휘돈 물.

저편은 원산 항구 이편은 장전
고기잡이 가장님 들고나는 길

모래밭 사록사록 스며드는 물
몇 번이나 내 손을 씻고 스친고.

몇 번이나 이 물에 어리었을까?
들고나며 우리 님 검은 그 얼굴.

봄바람 – 김억

하늘하늘
잎사귀와 춤을 춥니다.

하늘하늘
꽃송이와 입맞춥니다.

님의 침묵 – 한용운

 푸른 산빛을 깨치고 단풍나무 숲을 향하여 난 적은 길을
걸어서 참아 떨치고 갔습니다.
 황금의 꽃같이 굳고 빛나던 옛 맹세는 차디찬 티끌이 되
어서 한숨의 미풍에 날아 갔습니다.
 날카로운 첫 키스의 추억은 나의 운명의 지침을 돌려
놓고 뒷걸음쳐서 사라졌습니다.

나는 향기로운 님의 말소리에 귀 먹고 꽃다운 님의 얼굴
에 눈 멀었습니다.

　사랑도 사람의 일이라 만날 때에 미리 떠날 것을 염려하
고 경계하지 아니한 것은 아니지만, 이별은 뜻밖에 일이
되고 놀란 가슴은 새로운 슬픔에 터집니다.

　그러나 이별을 쓸데없는 눈물의 원천을 만들고 마는 것
은 스스로 사랑을 깨치는 것인 줄 아는 까닭에, 걷잡을 수
없는 슬픔의 힘을 옮겨서 새 희망의 정수박이에 들어부었
습니다.

우리는 만날 때에 떠날 것을 염려하는 것과 같이 떠날 때에 다시 만날 것을 믿습니다.

아아 님은 갔지마는 나는 님을 보내지 아니하였습니다.

제 곡조를 못 이기는 사랑의 노래는 님의 침묵을 휩싸고 돕니다.

이별 – 한용운

아아, 사람은 약한 것이다. 여린 것이다. 간사한 것이다.
이 세상에는 진정, 사랑의 이별은 있을 수가 없는 것이다.
죽음으로 사랑을 바꾸는 임과 임에게야 무슨 이별이 있으랴.
이별의 눈물은 물거품의 꽃이요 도금한 금방울이다.

칼로 벤 이별의 키스가 어디 있느냐
생명의 꽃으로 빚은 이별의 두견주가 어디
피의 홍보석으로 만든 이별의 기념 반지가 어디 있느냐.

이별의 눈물은 저주의 마니주요 거짓의 수정이다.

 사랑의 이별은 이별의 반면에 반드시 이별하는 사랑보다
더 큰 사랑이 있는 것이다.
 혹은 직접의 사랑은 아닐지라도 간접의 사랑이라도 있는
것이다.
 다시 말하면 이별하는 애인보다 자기를 더 사랑하는 것
이다.

만일 애인을 자기의 생명보다 더 사랑한다면 무궁을 회
전하는 시간의 수레 바퀴에 이끼가 끼도록 사랑의 이별은
없는 것이다.

　아니다, 아니다."참"보다도 참인 임의 사랑엔 죽음보다도
이별이 훨씬 위대하다.
　죽음이 한 방울의 찬 이슬이라면 이별은 일천 줄기의 꽃
비다.

죽음이 밝은 별이라면 이별은 거룩한 태양이다.

생명보다 사랑하는 애인을 사랑하기 위하여는 죽을 수가
없는 것이다.
진정한 사랑을 위하여는 괴롭게 사는 것이 죽음보다도
더 큰 희생이다.
이별은 사랑을 위하여 죽지 못하는 가장 큰 고통이요 보
은이다.

애인은 이별보다 애인의 죽음을 더 슬퍼하는 까닭이다.

 사랑은 붉은 촛불이나 푸른 술에만 있는 것이 아니라 먼 마음을 서로 비치는 무형(無形)에도 있는 까닭이다.

 그러므로 사랑하는 애인을 죽음에서 잊지 못하고 이별에서 생각하는 것이다.

 그러므로 사랑하는 애인을 죽음에서 웃지 못하고 이별에서 우는 것이다.

그러므로 애인을 위하여는 이별의 원한을 죽음의 유쾌
로 갚지 못하고 슬픔의 고통으로 참는 것이다.

그러므로 사랑은 차마 죽지 못하고 차마 이별하는 사랑
보다 더 큰 사랑은 없는 것이다.

그리고 진정한 사랑은 곳이 없다.

진정한 사랑은 애인의 포옹만 사랑할 뿐 아니라 애인의
이별도 사랑하는 것이다.

그리고 진정한 사랑은 때가 없다.

진정한 사랑은 간단이 없어서 이별은 애인의 육뿐이요
사랑은 무궁이다.

아아, 진정한 애인을 사랑함에는 죽음은 칼을 주는 것이
요, 이별은 꽃을 주는 것이다.

아아, 이별의 눈물은 진이요 선이요 미다.

아아, 이별의 눈물은 석가요 모세요 잔다르크다.

찬송 - 한용운

임이여 당신은 백 번은 단련한 금(金) 결입니다.
뽕나무 뿌리가 산호가 되도록 천국의 사랑을 받읍소서.
임이여 사랑이여 아침 볕의 첫 걸음이여.

임이여 당신은 의가 무거웁고 황금이 가벼우신 것을 잘
아십니까.
거지의 거친 발에 복의 씨를 뿌리옵소서.
임이여 사랑이여 옛 오동의 숨은 소리여.

임이여 당신은 봄과 권명과 평화를 좋아하십니다.
약자의 가슴에 눈물을 뿌리는 자비의 보살이 되옵소서.
임이여 사랑이여 얼음바다의 봄바람이여.

당신을 보았습니다 - 한용운

당신이 가신 뒤로 나는 당신을 잊을 수가 없습니다.
까닭은 당신을 위하느니 보다 나를 위함이 많습니다.

나는 갈고 심을 땅이 없으므로 추수가 없습니다.
 저녁거리가 없어서 조나 감자를 꾸러 이웃 집에 갔더니
주인은 "거지는 인격이 없다. 인격이 없는 사람은 생명이
없다. 너를 도와 주는 것은 죄악이다"고 말하였습니다.
 그 말을 듣고 나는 돌아올 때에, 쏟아지는 눈물 속에서
당신을 보았습니다.

나는 집도 없고 다른 까닭을 겸하여 민적이 없습니다.
"민적 없는 자는 인권이 없다. 인권이 없는 너에게
무슨 정조냐" 하고 능욕하려는 장군이 있었습니다.
그를 항거한 뒤에 남에게 대한 격분이 스스로의 슬픔으
로 화하는 찰나에 당신을 보았습니다.

아아 온갖 윤리, 도덕, 법률은 칼과 황금을 제사 지내는
연기인 줄을 알았습니다.
영원의 사랑을 받을까, 인간 역사의 첫 페이지에 잉크칠
을 할까, 술을 마실까 망설일 때에 당신을 보았습니다.

수의 비밀 – 한용운

나는 당신의 옷을 다 지어 놓았습니다.
심의도 짓고 도포도 짓고 자리옷도 지었습니다.
짓지 아니한 것은 작은 주머니에 수놓은 것뿐입니다.

그 주머니에 나의 손때가 많이 묻었습니다.
짓다가 놓아 두고 짓다가 놓아 두고 한 까닭입니다.
다른 사람들은 나의 바느질 솜씨가 없는 줄로 알지마는,
그러한 비밀은 나밖에는 아는 사람이 없습니다.

나는 마음이 아프고 쓰린 때에 주머니에 수를 놓으랴면,
나의 마음은 수놓는 금실을 따라서 바늘 구멍으로 들어가
고, 주머니 속에서 맑은 노래가 나와서 나의 마음이 됩니다.
그리고 아직 이 세상에는 그 주머니에 넣을 만한 무슨 보
물이 없습니다.
이 작은 주머니는 짓기 싫어서 짓지 못하는 것이 아니라,
짓고 싶어서 다 짓지 않는 것입니다.

예술가 – 한용운

 나는 서투른 화가여요.
 잠 아니 오는 잠자리에 누워서 손가락을 가슴에 대이고
당신의 코와 입과 두 볼에 새암 파지는 것까지 그렸습니다.
 그러나 언제든지 적은 웃음이 떠도는 당신의 눈자위는
그리다가 백 번이나 지웠습니다.

 나는 파겁 못한 성악가여요.
 이웃 사람도 돌아가고 버러지 소리도 그쳤는데 당신이
가르쳐 주시던 노래를 부르려다가 조는 고양이가 부끄러워
서 부르지 못하였습니다.

그래서 가는 바람이 문풍지를 스칠 때에 가만히 합창하
였습니다.

나는 서정시인이 되기에는 너무도 소질이 없나봐요.
"즐거움"이니 "슬픔"이니 "사랑"이니 그런 것은 쓰기 싫어요.
당신의 얼굴과 소리와 걸음걸이와를 그대로 쓰고 싶습니다.
그리고 당신의 집과 침대와 꽃밭에 있는 적은 돌도 쓰겠습
니다.

알 수 없어요 - 한용운

바람도 없는 공중에 수직의 파문을 내며 고요히 떨어지는 오동잎은 누구의 발자취입니까?

 지리한 장마 끝에 서풍에 몰려가는 무서운 검은 구름의 터진 틈으로, 언뜻언뜻 보이는 푸른 하늘은 누구의 얼굴입니까?

 꽃도 없는 깊은 나무에 푸른 이끼를 거쳐서, 옛 탑 위에 고요한 하늘을 스치는 알 수 없는 향기는 누구의 입김입니까?

 근원은 알지도 못할 곳에서 나서 돌부리를 울리고 가늘게 흐르는 작은 시내는 굽이굽이 누구의 노래입니까?

연꽃 같은 발꿈치로 가이 없는 바다를 밟고, 옥같은 손으로 끝없는 하늘을 만지면서, 떨어지는 해를 곱게 단장하는 저녁놀은 누구의 시입니까?

타고 남은 재가 다시 기름이 됩니다.
그칠 줄을 모르고 타는 나의 가슴은 누구의 밤을 지키는 약한 등불입니까?

복종 – 한용운

 남들은 자유를 사랑한다지마는, 나는 복종을 좋아하여요.
 자유를 모르는 것은 아니지만, 당신에게는 복종만 하고
싶어요.
 복종하고 싶은 데 복종하는 것은 아름다운 자유보다도
달콤합니다.
 그것이 나의 행복입니다.
 그러나, 당신이 나더러 다른 사람을 복종하라면, 그것만은
복종할 수가 없습니다.
 다른 사람을 복종하려면 당신에게 복종할 수 없는 까닭
입니다.

송화강 뱃노래 – 김동환

새벽 하늘에 구름장 날린다.
에잇 에잇 어서 노 저어라 이 배야 가자.
구름만 날리나
내 맘도 날린다.

돌아다 보면은 고국이 천리런가.
에잇 에잇 어서 노 저어라 이 배야 가자
온 길이 천 리나
갈 길은 만 리다.

산을 버렸지 정이야 버렸나.
에엣 에잇 어서 노 저어라 이 배야 가자
몸은 흘러도
넋이야 가겠지.

여기는 송화강, 강물이 운다야
에잇 에잇 어서 노 저어라 이 배야 가자
강물만 우더냐
장부도 따라 운다.

웃은 죄 - 김동환

지름길 묻길래 대답했지요.
물 한 모금 달라기에 샘물 떠주고,
그러고는 인사하기에 웃고 받았지요.

평양성에 해 안 뜬대도
난 모르오,
웃은 죄밖에.

북청 물장수 – 김동환

새벽마다 고요히 꿈길을 밟고 와서
머리맡에 찬물을 좌–퍼붓고는
그만 가슴을 디디면서 멀리 사라지는
북청 물장수.

물에 젖은 꿈이
북청 물장수를 부르면
그는 삐꺽삐꺽 소리를 치며
온 자취도 없이 다시 사라져 버린다.
날마다 아침마다 기다려지는
북청 물장수.

오월의 향기 - 김동환

오월의 하늘에 종달새 떠올라 보표를 그리자 산나
물 캐기 생시 푸른 공중 치어다 노래 부르네 그 음부
보고 봄의 노래를.

봄의 노래 바다에 떨어진 파도를 울리고 산에 떨어
진 종달새 울리더니 다시 하늘로 기어올라 구름 속
거문 소나기까지 울려 놓았네.

거문 소나기 일만 실비를 몰고 떨어지자 땅에는 흙이
젖물같이 녹아지며, 보리밭이 석 자나 자라나네.
아 오월의 하늘에 떠도는 종달새는 풍년을 몰고
산에 들에 떨어지네. 떨어질 때 우린들 하늘 밖이
라 풍년이 안오랴.

오월의 산에 올라 풀 베다 소리치니 하늘이 넓기도 해
그 소리 다시 돌아 앉으네. 이렇게 넓다라면 날아라도
가 보고 싶은 일 넋이라도 가 보라 또 소리쳤네.
 벽에 걸린 화액에 오월 바람에 터질 듯 익은 내 나
라가 걸려 있네. 꿈마다 기어와선 놀다가도 날 밝기 무
섭게 도로 화액 속 풍경화가 되어버리는 내 나라가.

강이 풀리면 - 김동환

강이 풀리면 배가 오겠지
배가 오면은 임도 탔겠지

임은 안 타도 편지야 탔겠지
오늘도 강가서 기다리다 가노라.

임이 오시면 이 설움도 풀리지
동지 섣달에 얼었던 강물도

제멋에 녹는데 왜 아니 풀릴까
오늘도 강가서 기다리다 가노라.

국경의 밤 – 김동환

1
아하, 무사히 건넜을까
이 한밤에 남편은
두만강을 탈없이 건넜을까?

저리 국경 강안을 경비하는
외투 쓴 검은 순사가
왔다-갔다-
오르명 내리명 분주히 하는데
발각도 안 되고 무사히 건넜을까?

소금실이 밀수출 마차를 띄워놓고
밤 새 가며 속태우는 젊은 아낙네,

물레 젓는 손도 맥이 풀어져
파! 하고 붙는 어유 등잔만 바라본다.
북국의 겨울밤은 차차 깊어가는데.

2
어디서 불시에 땅 밑으로 울려나오는 듯
"어-이" 하는 날카로운 소리 들린다.
저 서쪽으로 무엇이 오는 군호라고
촌민들이 넋을 잃고 우두두 떨 적에
처녀만은 잡히우는 남편의 소리라고
가슴을 뜯으며 긴 한숨을 쉰다

눈보라에 늦게 내리는
영림창 산림실이 벌부떼 소리언만.

3
마지막 가는 병자의 부르짖음 같은
애처로운 바람소리에 싸이어
어디서 "땅" 하는 소리 밤하늘을 쨌다.
뒤대어 요란한 발자취 소리에
백성들은 또 무슨 변이 났다고 실색하여 숨 죽일 때,
이 처녀만은 강도 못 건넌 채 얻어맞은 사내
일이라고

문비탈을 쓸어안고 흑흑 느껴가며 운다.
겨울에도 한 삼동, 별빛에 따라
고기잡이 얼음장 긋는 소리언만.

  4
불이 보인다. 새빨간 불빛이
저리 강 건너
대안벌에서는 순경들의 파수막에서
옥서장 태우는 빠알간 불빛이 보인다.
까아맣게 타오르는 모닥불 속에
호주에 취한 순경들이
월월월 이태백을 부르면서.

5

아하, 밤이 점점 어두워 간다.

국경의 밤이 저 혼자 시름없이 어두워 간다.

함박눈조차 다 내뿜은 맑은 하늘엔

별 두어 개 파래져

어미 잃은 소녀의 눈동자같이 깜박거리고

눈보라 심한 강 벌에는

외가지 백양이

혼자 서서 바람을 걷어안고 춤을 춘다.

가지 부러지는 소리조차

이 처녀의 마음을 핫! 핫! 놀래 놓으면서–

6

전선이 운다, 이잉이잉 하고
국교하러 가는 전신줄이 몹시도 운다.
집도, 백양도, 산곡도, 오양간 당나귀도 따라
운다.
이렇게 춥길래
오늘 따라 간도 이사꾼도 별로 없지.
얼음짱 깔린 강 바닥을
바가지 달아 매고 건너는
밤마다 밤마다 외로이 건너는
함경도 이사꾼도 별로 안 보이지.
회령서는 벌써 마지막 차 고동이 텄는데.

7

봄이 와도 꽃 한 폭 필 줄 모르는

강 건너 산천으로서는

바람에 눈보라가 쏠려서

강 한복판에

진시왕릉 같은 무덤을 쌓아 놓고는

이내 안압지를 파고 달아난다.

하늘 땅 모두 회명한 속에 백금 같은 달빛만이

백설로 오백 리, 월광으로 삼천 리

두만강의 겨울밤은 춥고도 고요하더라.

8

그 날 저녁 으스러한 때이었다.

어디서 왔다는지 초조한 청년 하나

갑자기 이 마을에 나타나 오르명 내리명
구슬픈 노래를 부르면서
"달빛에 잠자는 두만강이여!
눈보라에 깔려 우는 옛날의 거리여,
나는 살아서 네 품에 다시 안길 줄 몰랐다.
아하, 그리운 옛날의 거리여!"

애처로운 그 소리 밤하늘에 울려

청상과부의 하소연 같이 슬프게 들렸다.

그래도 이 마을 백성들은

또 '못된 녀석이' 이 왔다고

수근거리며 문을 닫아 매었다.

 9

높았다-낮았다- 울었다- 웃었다 하는

그 소리 폐허의 재 속에서

나래를 툭툭 털고 일어나 외우는 백조의 노래같이

마디마디 눈물을 짜아내었다. 마치

"얘들아 마지막 날이 왔다" 하는 듯도

"모든 것이 괴멸할 때가 왔다" 하는 듯도

여럿은 어린애고 자란 이고

화로불에 마주 앉았다가 약속한 듯이 고요히 눈을 감는다.

하나님을 찾는 듯이−

"저희들을 구해 줍소서".

그러다가 발소리와 같이 "아하" 부르는 청년의 소리가 다
시 들리자,

"에익, 빌어 먹을 놈!" 하고 침을 뱉는다.

그 머리로서는 밀정하는 소리가 번개치듯 지나간다.

−그네는 두려운 과거를 가졌다.

생각하기에도 애처로운 기억을 가졌다.

그래서 그물에 놀랜 참새처럼

늘 두려운 가슴을 안고 지내 간다.

불쌍한 족속의 가슴이 늘 얼어서!

10

청년의 노래는 그칠 줄 몰랐다.

"옛날의 거리여!

부모의 무덤과 어릴 때 글 읽던 서당과 훈장과

그보다도 물방앗간에서 만나는 색씨 사는

고향아, 달빛에 파래진 S촌아!"

여러 사람은 더욱 놀랐다. 그 대담한 소리에

마치 어느 피 묻은 입이

리벤지를 부르는 것 같아서,

촌 백성들은 장차 올 두려운 운명을 그리면

서 불안과 공포에 떨었다.

그래서 핫! 하고 골을 짚은 채 쓰러졌다.

길 – 노천명

솔밭 사이로 솔밭 사이로 걸어 들어가자면
불빛이 흘러 나오는 고가가 보였다.

거기–
벌레 우는 가을이 있었다.
벌판에 눈 덮인 달밤도 있었다.

흰 나리꽃이 향을 토하는 저녁
손길이 흰 사람들은

꽃술을 따 문 병풍의
사슴을 이야기했다.

솔밭 사이로 솔밭 사이로 걸어
지금도
전설처럼-
고가엔 불빛이 보이련만

숱한 이야기들이 생각날까봐
몸을 소스라침을
비둘기같이 순한 마음에서.....

푸른 5월 – 노천명

청자빛 하늘이
육모정 탑 위에 그린 듯이 곱고,
연못 창포 잎에
여인네 맵시 위에
감미로운 첫여름이 흐른다.

라일락 숲에
내 젊은 꿈이 나비처럼 앉는 정오
계절의 여왕 오월의 푸른 여신 앞에
내가 웬 일로 무색하고 외롭구나.

밀물처럼 가슴 속으로 몰려드는 향수를
어찌하는 수 없어
눈은 먼 데 하늘을 본다.

긴 담을 끼고 외딴 길을 걸으며 걸으며
생각이 무지개처럼 핀다.

풀 냄새가 물씬
향수보다 좋게 내 코를 스치고

청머루 순이 벋어 나오던 길섶
어디메선가 한 나절 꿩이 울고
나는
활나물 호납나물 젓가락나물 참나물을 찾던
잃어버린 날이 그립지 아니한가, 나의 사람아.

아름다운 노래라도 부르자.
서러운 노래를 부르자.

보리밭 푸른 물결을 헤치며
종달새 모양 내 마음은
하늘 높이 솟는다.

오월의 창공이여!
나의 태양이여!

황마차 - 노천명

기차가 허리띠만한 강에 걸린 다리를 넘는다.
여기서부터는 우리 땅이 아니란다.
아이들의 세간 놀음보다 더 싱겁구나.
황마차에 올라 앉아 아가위나 씹자.
카추샤의 수건을 쓰고 달리고 싶구나.

나는 여기 말을 모르오.
호인의 관이 널린 벌판을 마차는 달리오.
시가아도 피울 줄 모르고 휘파람도 못 불고....

남사당 - 노천명

나는 얼굴에 분칠을 하고
삼단 같은 머리를 땋아내린 사나이

초립에 쾌자를 걸친 조라치들이
날나리를 부는 저녁이면
다홍치마를 두르고 나는 향단이가 된다.
이리하여 장터 어느 넓은 마당을 빌어
램프불을 돋운 포장 속에선
내 남성이 십분 굴욕되다.

산 넘어 지나온 저 동리엔

은반지를 사 주고 싶은

고운 처녀도 있었건만

다음 날이면 떠남을 짓는

처녀야!

나는 집시의 피였다.

내일은 또 어느 동리로 들어간다냐.

우리들의 도구를 실은
노새의 뒤를 따라
산딸기의 이슬을 털며
길에 오르는 새벽은
구경꾼을 모으는 날라리 소리처럼
슬픔과 기쁨이 섞여 핀다.

사슴 – 노천명

모가지가 길어서 슬픈 짐승이여,
언제나 점잖은 편 말이 없구나.
관이 향기로운 너는
무척 높은 족속이었나 보다.

물 속의 제 그림자를 들여다 보고
잃었던 전설을 생각해 내고는,
어찌할 수 없는 향수에
슬픈 모가지를 하고
먼 데 산을 바라본다.

고향 – 노천명

언제든 가리
마지막에 돌아가리.
목화꽃이 고운 내 고향으로
조밥이 맛있는 내 고향으로.
아이들 하눌타리 따는 길머리엔
학림사 가는 달구지가 조을며 지나가고
대낮에 여우가 우는 산골
등잔 밑에서

딸에게 편지 쓰는 어머니도 있었다.
둥글레 산에 올라 무릇을 캐고
접중화 싱아 뻐꾹새 장구채 범부채
마주재 기룩이 도라지 체니 곰방대
곰취 참두릅 홋잎나물을
뜯는 소녀들은
말끝마다 꽈 소리를 찾고
개암쌀을 까며 소녀들은
금방망이 은방망이 놓고 간
도깨비 얘기를 즐겼다.
목사가 없는 교회당
회당지기 전도사가 강도상을 치며
설교하는 산골이 문득 그리워

아프리카서 온 반마처럼

향수에 잠기는 날이 있다.

언제든 가리

나중엔 고향 가 살다 죽으리.

메밀꽃이 하얗게 피는 곳

나뭇짐에 함박꽃을 꺾어오던 총각들

서울 구경이 원이더니

차를 타 보지 못한 채 마을을 지키겠네.

꿈이면 보는 낯익은 동리

우거진 덤불에서

찔레순을 꺾다 나면 꿈이었다.

이름 없는 여인이 되어 – 노천명

어느 조그만 산골로 들어가
나는 이름 없는 여인이 되고 싶소.
초가 지붕에 박넝쿨 올리고
삼밭엔 오이랑 호박을 놓고
들장미로 울타리를 엮어
마당엔 하늘을 욕심껏 들여놓고
밤이면 실컷 별을 안고
부엉이가 우는 밤도 내사 외롭지 않겠오.

기차가 지나가 버리는 마을
놋양푼의 수수엿을 녹여 먹으며
내 좋은 사람과 밤이 늦도록
여우 나는 산골 얘기를 하면
삽살개는 달을 짖고
나는 여왕보다 더 행복하겠오.

청포도 – 이육사

내 고장 칠월은
청포도가 익어가는 시절

이 마을 전설이 주절이 주절이 열리고
먼 데 하늘이 꿈꾸며 알알이 들어와 박혀

하늘 밑 푸른 바다가 가슴을 열고,
흰 돛 단 배가 곱게 밀려서 오면

내가 바라는 손님은 고달픈 몸으로
청포를 입고 찾아온다고 했으니

내 그를 맞아 이 포도를 따먹으면
두 손은 함뿍 적셔도 좋으련

아이야, 우리 식탁엔 은쟁반에
하이얀 모시 수건을 마련해 두렴

절정 - 이육사

매운 계절의 채찍에 갈겨
마침내 북방으로 휩쓸려 오다.

하늘도 그만 지쳐 끝난 고원
시릿발 갈라진 그 위에 서다

어디다 무릎을 꿇어야 하나
한 발 재켜 디딜 곳조차 없다.

이러매 눈 감아 생각해 볼 밖에
겨울은 강철로 된 무지갠가 보다.

광야 – 이육사

까마득한 날에
하늘이 처음 열리고
어데 닭 우는 소리 들렸으랴.

모든 산맥들이
바다를 연모해 휘달릴 때도
차마 이곳을 범하던 못 하였으리라.

끊임없는 광음을
부지런한 계절이 피어선 지고
큰 강물이 비로소 길을 열었다.

지금 눈 나리고
매화 향기 홀로 아득하니
내 여기 가난한 노래의 씨를 뿌려라.

다시 천고의 뒤에
백마 타고 오는 초인이 있어
이 광야에서 목놓아 부르게 하리라.

일식 – 이육사

쟁반에 먹물을 담아 비쳐 본 어린 날
불개는 그만 하나밖에 없는 내 날을 먹었다.

날과 땅이 한 줄 위에 돈다는 그 순간만이라도
차라리 헛말이기를 밤마다 정녕 빌어도 보았다.

마침내 가슴은 동굴보다 어두워 설레인고녀
다만 한 봉오리 피려는 장미 벌레가 좀치렸다.

그래서 더 예쁘고 진정 덧없지 아니하냐
또 어디 다른 하나를 얻어
이슬 젖은 별빛에 가꾸련다.

황혼 - 이육사

내 골방의 커어틴을 걷고
정성된 마음으로 황혼을 맞아들이노니
바다의 흰 갈매기들 같이도
인간은 얼마나 외로운 것이냐.

황혼아 내 부드러운 손을 힘껏 내밀라
내 뜨거운 입술을 맘대로 맞추어 보련다.
그리고 네 품안에 안긴 모든 것에게
나의 입술을 보내게 해 다오.

저—십이월 성좌의 반짝이는 별들에게도
종소리 저문 산림 속 그윽한 수녀들에게도
시멘트 장판 위 그 많은 수인들에게도
의지가지 없는 그들의 심장이 얼마나 떨고 있는가.

고비사막을 걸어가던 낙타 탄 행상에게나
아프리카 녹음 속 활 쏘는 토인들에게라도
황혼아, 네 부드러운 품안에 안기는 동안이라도
지구의 반대쪽만을 나의 타는 입술에 맡겨 다오.

내 오월의 골방이 아늑도 하니
황혼아 내일도 또 저- 푸른 커어틴을 걷게 하겠지.
암암히 사라지긴 시냇물 소리 같아서
한번 삭어지면 다시는 돌아올 줄 모르나 보다.

연보 – 이육사

"너는 돌다릿목에서 줘 왔다"던
할머니의 핀잔이 참이라고 하자.

나는 진정 강언덕 그 마을에
벌어진 문받이였는지 몰라.

그러기에 열 여덟 세 봄은
버들피리 곡조에 불어 보내고

첫사랑이 흘러 간 항구의 밤
눈물 섞어 마신 술 피보다 달더라.

공명이 마다곤들 언제 말이나 했나
바람에 붙여 돌아온 고장도 비고

서리 밟고 걸어간 새벽 길 위에
간 잎만이 새하얗게 단풍이 들어

거미줄만 발목에 걸린다 해도
쇠사슬에 잡아맨 듯 무거워졌다.

눈 위에 걸어 가면 자욱이 지리라.
때로는 설레이며 바람도 불지.

그 날이 오면 – 심훈

그 날이 오면, 그 날이 오면은
삼각산이 일어나 더덩실 춤이라도 추고
한강물이 뒤집혀 용솟음칠 그 날이
이 목숨이 끊어지기 전에 와 주기만 하량이면
나는 밤하늘에 날으는 까마귀와 같이
종로의 인경을 머리로 들이받아 울리오리다.
두개골은 깨어져 산산조각이 나도
기뻐서 죽사오매 오히려 무슨 한이 남으오리까.

그 날이 와서, 오오 그 날이 와서
육조 앞 넓은 길을 울며 뛰며 뒹굴어도
그래도 넘치는 기쁨에 가슴이 미어질 듯하거든
드는 칼로 이 몸의 가죽이라도 벗겨서
커다란 북을 만들어 들쳐 메고는
여러분의 행렬에 앞장을 서오리다.
우렁찬 그 소리를 한 번이라도 듣기만 하면
그 자리에 거꾸러져도 눈을 감겠소이다.

밤 – 심훈

밤, 깊은 밤 바람이 뒤설레며
문풍지가 운다.
방, 텅 비인 방안에는
등잔불이 기름 조는 소리뿐....

쥐가 천장을 모조리 써는데
어둠은 아직도 창 밖을 지키고
내 마음은 무거운 근심에 짓눌려
깊이 모를 연못 속에서 자맥질한다.

자화상 - 윤동주

산모퉁이를 돌아 논가 외딴 우물을 홀로 찾아가선
가만히 들여다봅니다.

우물 속에는 달이 밝고 구름이 흐르고 하늘이 펼
치고 파아란 바람이 불고 가을이 있습니다.

그리고 한 사나이가 있습니다.
어쩐지 그 사나이가 미워져 돌아갑니다.

돌아가다 생각하니 그 사나이가 가엾어집니다.
도로 가 들여다보니 사나이는 그대로 있습니다.

다시 그 사나이가 미워져 돌아갑니다.
돌아가다 생각하니 그 사나이가 그리워집니다.

 우물 속에는 달이 밝고 구름이 흐르고 하늘이 펼치고
파아란 바람이 불고 가을이 있고 추억처럼 사나이가
있습니다.

십자가 – 윤동주

쫓아오던 햇빛인데
지금 교회당 꼭대기
십자가에 걸리었습니다.

첨탑(尖塔)이 저렇게도 높은데
어떻게 올라갈 수 있을까요.

종소리도 들려오지 않는데
휘파람이나 불며 서성거리다가,

괴로웠던 사나이
행복한 예수 그리스도에게처럼
십자가가 허락된다면

모가지를 드리우고
꽃처럼 피어나는 피를
어두워가는 하늘 밑에
조용히 흘리겠습니다.

무서운 시간 – 윤동주

거 나를 부르는 것이 누구요,
가랑잎 잎파리 푸르러 나오는 그늘인데,
나 아직 여기 호흡이 남아 있소.

한 번도 손 들어 보지 못한 나를
손 들어 표할 하늘도 없는 나를
어디에 내 한 몸 둘 하늘이 있어
나를 부르는 것이오.

일을 마치고 내 죽는 날 아침에는
서럽지도 않은 가랑잎이 떨어질 텐데……
나를 부르지마오.

별 헤는 밤 – 윤동주

계절이 지나가는 하늘에는
가을로 가득 차 있습니다.
나는 아무 걱정도 없이
가을 속의 별들을 다 헬 듯합니다.

가슴 속에 하나 둘 새겨지는 별을
이제 다 못 헤는 것은
쉬이 아침이 오는 까닭이요,
내일 밤이 남은 까닭이요,
아직 나의 청춘이 다하지 않은 까닭입니다.

별 하나에 추억과

별 하나에 사랑과

별 하나에 쓸쓸함과

별 하나에 동경과

별 하나에 시와

별 하나에 어머니, 어머니,

　어머님, 나는 별 하나에 아름다운 말 한 마디씩 불러 봅
니다. 소학교 때 책상을 같이 했던 아이들의 이름과, 패,경,
옥, 이런 이국 소녀들의 이름과, 벌써 아기 어머니 된 계집
애들의 이름과, 가난한 이웃 사람들의 이름과, 비둘기, 강
아지, 토끼, 노새, 노루, '프랑시스 잠', '라이너 마리아 릴케',
이런 시인의 이름을 불러 봅니다.

이네들은 너무나 멀리 있습니다.
별이 아스라이 멀듯이.
어머님,
그리고 당신은 멀리 북간도에 계십니다.

나는 무엇인지 그리워
이 많은 별빛이 내린 언덕 위에
내 이름자를 써 보고,
흙으로 덮어 버리었습니다.
딴은 밤을 새워 우는 벌레는

부끄러운 이름을 슬퍼하는 까닭입니다.

그러나, 겨울이 지나고 나의 별에도 봄이 오면,

무덤 위에 파란 잔디가 피어나듯이

내 이름자 묻힌 언덕 위에도

자랑처럼 풀이 무성할 거외다.

또 태초의 아침 − 윤동주

하얗게 눈이 덮이었고
전신주가 잉잉 울어
하나님 말씀이 들려 온다.

무슨 계시일까.

빨리
봄이 오면
죄를 짓고

눈이
밝아

이브가 해산하는 수고를 다하면

무화과 잎사귀로 부끄런 데를 가리고
나는 이마에 땀을 흘려야겠다.

위로 – 윤동주

거미란 놈이 흉한 심보로 병원 뒤뜰 난간과 꽃밭 사이 사람 발이 잘 닿지 않는 곳에 그물을 쳐 놓았다. 옥외 요양을 받는 젊은 사나이가 누워서 쳐다보기 바르게-

나비가 한 마리 꽃밭에 날아들다 그물에 걸리었다. 노오란 날개를 파득거려도 파득거려도 나비는 자꾸 감기우기만 한다. 거미가 쏜살같이 가더니 끝없는 끝없는 실을 뽑아 나비의 온 몸을 감아 버린다. 사나이는 긴 한숨을 쉬었다.

나이보다 무수한 고생 끝에 때를 잃고 병을 얻은 이 사나이를 위로할 말이-거미줄을 헝클어 버리는 것밖에 위로의 말이 없었다.

새벽이 올 때까지 - 윤동주

다들 죽어 가는 사람들에게
검은 옷을 입히시요.

다들 살아 가는 사람들에게
흰 옷을 입히시요.

그리고 한 침대에
가지런히 잠을 재우시요.

다들 울거들랑
젖을 먹이시요.

이제 새벽이 오면
나팔 소리 들려올 게외다.

쉽게 씌어진 시 - 윤동주

창 밖에 밤비가 속살거려
6첩방은 남의 나라,

시인이란 슬픈 천명(天命)인 줄 알면서도
한 줄 시를 적어 볼까,

땀내와 사랑내 포근히 품긴
보내 주신 학비 봉투를 받아

대학 노우트를 끼고
늙은 교수의 강의 들으러 간다.

생각해 보면 어린 때 동무들
하나, 둘, 죄다 잃어 버리고

나는 무얼 바라
나는 다만, 홀로 침전하는 것일까?

인생은 살기 어렵다는데
시가 이렇게 쉽게 씌어지는 것은
부끄러운 일이다.

6첩방은 남의 나라
창 밖에 밤비가 속살거리는데,

등불을 밝혀 어둠을 조금 내몰고,
시대처럼 올 아침을 기다리는 최후의 나

나는 나에게 작은 손을 내밀어
눈물과 위안으로 잡는 최초의 악수.

슬픈 족속 – 윤동주

흰 수건이 검은 머리를 두르고
흰 고무신이 거친 발에 걸리우다.

흰 저고리 치마가 슬픈 몸집을 가리고
흰 띠가 가는 허리를 질끈 동이다.

작가 소개

김동환(1901~?)

함북 경성에서 출생한 김동환은 1925년 한국 문학 사상 최초의 서정 시인 '국경의 밤'을 발표하여 문단에 충격적인 반향을 일으켰다. 그 밖에도 김동환은 '북청 물장사, 봄이 오면' 등의 시를 남겨 한국 현대 시의 한 획을 그은 시인이며, 6 • 25 발발 후 납북되어 갖은 고초를 겪었다고 한다.

김상용(1902~1955)

김상용은 문단에 나서면서 시조, 민요시, 번역시 등을 썼으며, 무엇보다 그를 유명하게 한 것은 '남으로 창을 내겠소' 계열의 전원시들이다. 그는 해방후 관계에 나갔다가 이화여대에 교편을 잡기도 하였다.

김소월(1902~1934)

소월 김정식은 평북 정주에서 태어나 오산학교와 배제교보를 다녔다. 흔히 소월시를 가리켜 전통적인 민족의 정서가 한의 가락을 되살려 놓았다고 말한다. 소월시는 표면적으로 비극적 사랑의 슬픔을 그리고 있으면서도 이면에는 형이상학적인 성찰을 담고 있으며 또한, 이 땅에 고통스런 역사 속에서 삶의 터전을 지켜내고자 하는 현실극복의 의지가 보인다.

김억(1896~?)

평북 정주에서 태어난 그는 오산중학을 졸업하고 일본으로 건너가 '폐허·창조'의 동인이 되었으며 많은 시작 활동을 하다 1950년 납북된 뒤 소식이 끊겼다. 김억은 동경에서 유학생 기관지를 통해 시의 창작만이 아니라 서구시의 번역과 이를 통해 서구 문학을 수용하여 당시의 시단에 큰 영향을 끼치었다.

김영랑1903~1950)

김영랑은 죽기 전까지 모두 86편의 시를 남겨 놓은 시인이다. 김영랑
의 시는 10대에 경험한 부인의 죽음과 독립운동을 한 혐의로 체포되
어 겪은 고초 등으로 비관적인 내용을 아주 섬세한 시어와 감각적인
표현으로 서술하고 있어 한국어의 시적 가치와 예술적 가능성을 실현시
켰다는 평을 듣고 있다.

노천명(1912~1957)

노천명의 시세계는 유년시절에 대한 그리움과 회상이 근본을 이루는 것
으로 보고 있으며, 노천명 시의 두드러진 특징은 섬세하고 청신한 언어
로 고독과 향수를 노래하면서 자아와 존재에 대한 성찰을 보여주고
있다. 그러나 그는 불운과 고통 속에서 살았다. 친일 활동과 6 · 25

전쟁 당시의 부역, 그로 인한 영오의 고통 속에서 지내다 이후 신앙 세계에 몰입하여 생을 마감했다.

박영희(1901~?)

박영희는 배제고보를 졸업하고 동경으로 유학하여 영어학교에서 수학하였다. 그는 또 '카프'에 가입하였다가 탈퇴하면서 '얻은 것은 이데올로기요 잃은 것은 예술이다'라는 유명한 말을 남기도 했다.

박영희는 1950년 납북될 때까지 시, 소설, 수필, 평론 등의 장르에서 탁월한 역량을 보였다.

박용철(1904~1938)

박용철은 다작의 시인이 아니다. 그러나 그의 시들은 언제나 동경과 희망, 절망과 방황의 사이를 오가고 있다. 그의 시는 늘 희망을 그리거나 완전히 절망에 빠진 모습을 그려내는 작품은 별로 없고, 대부분 희망을 노래하는 속에 절망의 그림자가 숨어 있거나 절망을 노래하는 가운데 생의 의욕이 숨어 있다.

박인환(1926~1956)

1950년대 대표 예술가 중 한 사람인 박인환은 모더니즘에 깊이 빠진 작가이다. 하지만 그의 시는 모더니즘보다 오히려 서정적인 면모가 더 강하게 나타나고 있다. 이런 특징을 가진 그의 시는 전쟁의 폐허 속에서 느낀 상실감과 불안을 주로 그리고 있다.

심훈(1901~1936)

심훈은 시인으로서보다 소설가로 더욱 알려졌다. 그가 쓴 '상록수'

는 남녀 주인공이 농촌 개몽운동을 펼치는 이야기로 오늘날에도 널리 읽혀지고 있다.

심훈의 대표적인 시 '그날이 오면'은 이상화의 '빼앗긴 들에도 봄은 오는가' 이육사의 '절정'과 함께 식민지 시대를 대표하는 저항시로 꼽고 있다.

이상화(1901~1943)

대구에서 태어난 이상화는 '백조'의 동인으로 활동하였으며, 3·1운동 당시 대구에서 시위를 하다 발각되어 서울로 도피했다.

이상화의 시는 초기에는 유기적이고 감상적인 성격을 드러냈다. 이후는 외부적 현실, 즉 운명 공동체로서의 민족 현실에 대한 진심을 많이 보인다.

이육사(1904~1944)

본명은 '이원록'이며 '육사'는 필명이다. 육사는 의열단에 가입, 조선은행 대구지점 폭파 사건에 연루되어 대구형무소에서 복역했다가 출옥 뒤 다시 독립운동을 위해 북경에 가 그곳에서 체포되어 북경 감옥에서 옥사했다.

육사의 시는 당시 시인들이 상실감과 불안한 미래를 노래하는 데에 반해 희망과 미래 지향적인 역사 의식을 그려내고 있다.

이장희(1900~19290)

이장희는 대구에서 태어나 일본 교토중학을 졸업하였으며 그는 시 창작에 있어 언어 선택에 많은 신경을 썼다. 그가 쓴 시는 감정을 대담하게 생략하거나 압축하여 내면적인 정서를 절제하여 전달하는 특징을 지니고 있어 한국시 사상 모더니즘의 출발로 잔주되고 있다. 그는 40여편의 시를 남기고 30세의 젊은 나이에 요절하였다.

윤동주(1917~1945)

일제 강점기에 짧게 살다간 젊은 시인으로 어둡고 가난한 생활 속에서 인간의 삶과 고뇌를 사색하고 일제의 강압에 고통받는 조국의 현실을 가슴 아프게 고뇌하는 시인이었다. 그의 시는 내면적인 자아와 현실과의 날카로운 대립을 하나로 받아들이면서도 어두운 현실을 의연히 감내하겠다는 도덕적인 결의를 드러내고 있다. 1917년 북간도에서 태어난 시인은 해방을 한 해 앞두고 옥사하였다.

한용운(1879~1944)

그는 승려로서 3·1 독립운동 당시 민족 대표 33인중 한 사람으로 많은 시를 발표하였다. 또 그는 시를 통해 민족의 암울한 삶을 초극하여 밝은 미래를 예언하였다.

홍사용(1900~1947)

수원서 태어난 홍사용은 주로 암적인 분위기와 애상적인 기질을 바탕으로 하여 주로 감상적이고 향토적인 서정성을 강하게 드러내었다. 그의 향토적인 서정성은 고향의 자연과 유년기 추억에 바탕을 두고

있으며, 그래서 그의 작품은 어머니로 향하는 동심 추구의 유년기 추
억에 원천을 두고 있다.

황석우(1895~1960)

서울서 태어난 그는 일본 와세다대를 중퇴하고 '폐허'의 동인으로
활약하기도 하였다. 그의 초기 작품은 관능적이고 퇴폐성이 짙은 작
품이었으나, 1929년에 발간한 '자연송'에서부터는 암울한 분위기가
사라지고 자연을 주제로한 작품들이 발표되었다.

한국의 명시선

초판 발행 2022년 2월 20일

작가 이육사 외

교정 하연정 최성원

펴낸이 서영희 | **펴낸곳** 와이 앤 엠

본문인쇄 신화 인쇄 | 제책 세림 제책

주소 120-100 서울시 서대문구 홍은동 376-28

전화 (02)308-3891 | Fax (02)308-3892

E-mail yam3891@naver.com

등록 2007년 8월 29일 제312-2007-00004호

ISBN 978-89-93557-94-7 63710

본사는 출판물 윤리강령을 준수합니다.